Roger Marx

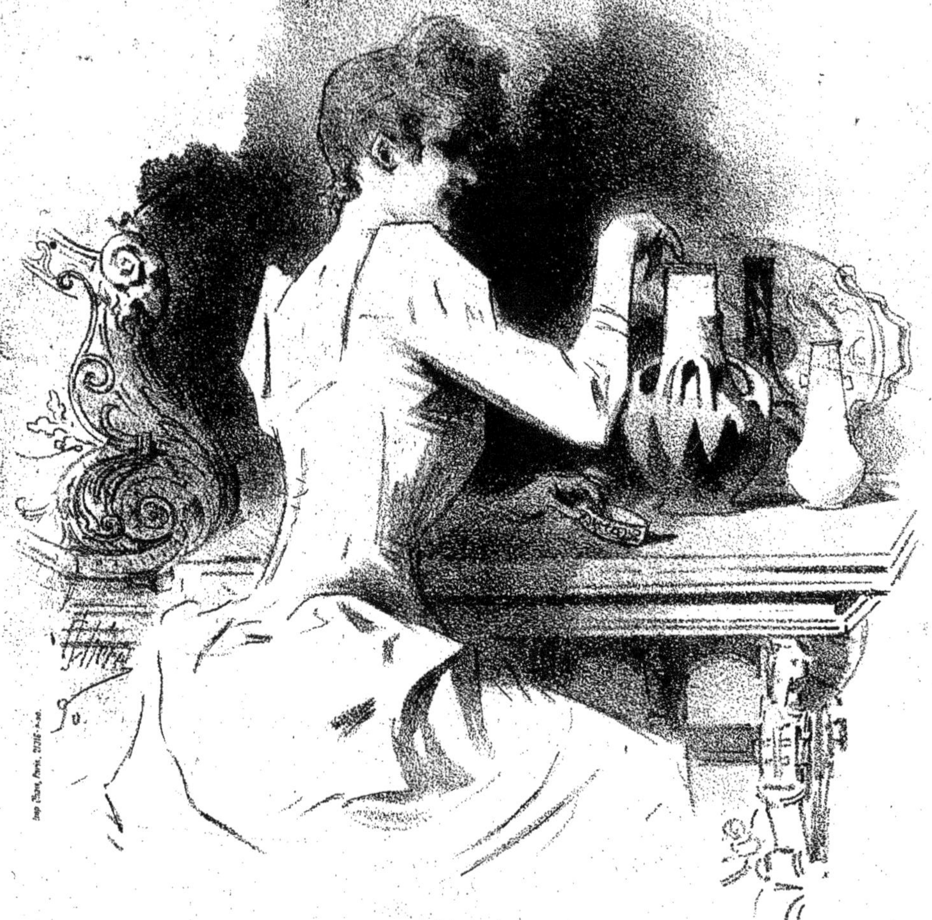

La Décoration

& l'Art Industriel

A l'Exposition Universelle de 1889.

LA DÉCORATION ET L'ART INDUSTRIEL

A L'EXPOSITION UNIVERSELLE DE 1889

TIRAGE A QUATRE CENTS EXEMPLAIRES

30 exemplaires sur papier des Manufactures impériales du Japon.

370 — — vélin teinté.

OUVRAGES DU MÊME AUTEUR

Études d'art lorrain, 1882 (Ollendorff), *épuisé.*

Henri Regnault, 1886 (Librairie de l'Art), 3e mille.

L'Estampe originale, 1888, *épuisé.*

La Gravure en médailles françaises au XIXe siècle, 1889 (L. Baschet).

Jules Chéret, 1889 (G. Decaux), *épuisé.* (En réimpression chez Conquet.)

ROGER MARX

LA DÉCORATION

ET L'ART INDUSTRIEL

À L'EXPOSITION UNIVERSELLE DE 1889

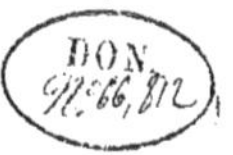

CONFÉRENCE

FAITE AU CONGRÈS DE LA *SOCIÉTÉ CENTRALE DES ARCHITECTES FRANÇAIS*
dans la salle de l'hémicycle de l'École nationale des beaux-arts
le 17 juin 1890.

TRENTE REPRODUCTIONS D'OUVRAGES EXPOSÉS

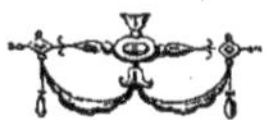

PARIS
ANCIENNE MAISON QUANTIN
LIBRAIRIES-IMPRIMERIES RÉUNIES
MAY & MOTTEROZ, DIRECTEURS
7, Rue Saint-Benoît.
1890

A VICTOR CHAMPIER

RÉDACTEUR EN CHEF DE LA *REVUE DES ARTS DÉCORATIFS*,

En reconnaissance de son persistant et utile effort pour le développement des industries d'art françaises,

Et en toute affection.

R. M.

MONSIEUR LE PRÉSIDENT [1],

MESDAMES, MESSIEURS,

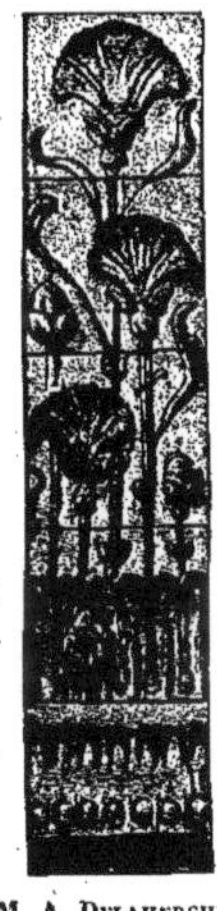

M. A. DELAHERCHE.
Frise, grès émaillé.

La *Société centrale des Architectes français*, qui m'a fait le grand honneur de me convier à prendre la parole devant vous, s'était proposé, l'an passé, d'étudier, au cours de ses conférences, l'effort et le progrès dont l'Exposition universelle avait témoigné dans l'art décoratif et industriel. Le surcroît d'occupations résultant de la grande manifestation nationale, le souci des artistes de la province et de l'étranger qu'il convenait de recevoir, mille autres raisons, toutes majeures à coup sûr, ne lui ont pas permis de réaliser son dessein. Aujourd'hui, elle croit encore utile de résumer la portée esthétique du Centenaire, de soumettre la critique à une dernière revision, d'approuver, sans que la louange puisse être soupçonnée de patriotisme ou d'entraînement. A l'exemple du parlement, les

1. M. Durand. — Je tiens, dès le début, à m'acquitter des remerciements que je dois à la *Gazette des Beaux-Arts* et à *l'Art*, qui, par un prêt aimable, ont aidé à ce que le texte de cette conférence pût recevoir le fortifiant commentaire de reproductions appropriées. Pour la partie inédite de l'illustration, elle a été gravée, presque dans son entier, par M. Charles Guillaume, dont les soins particuliers méritent d'être consignés.

architectes n'ont pas pensé que, l'Exposition fermée, il fût, selon le mot du poète, trop tard pour parler encore d'elle; mais en persistant à souhaiter de nous cette incursion dans le passé, ils ont mérité vos reproches et méconnu l'insuffisance du guide qu'ils choisissaient, — cette insuffisance dont la conscience ne m'échappe en aucune façon, et qu'il ne vous sera que trop loisible, Messieurs, de regretter à votre tour.

I

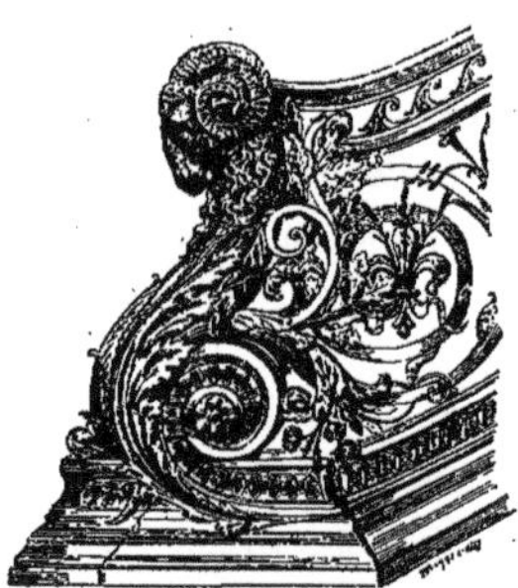

MM. Moreau.
Départ de la rampe du château de Chantilly.
Composition de M. Daumet.

Si l'enthousiasme qui a accueilli l'Exposition a pu, en dépit des envieux, grandir six mois durant sans arrêt, — comme en font foi les témoignages écrits et parlés, étrangers ou français, — c'est qu'elle s'est trouvée la libre et franche expression de notre humeur et du génie national. Dans le cadre unique, inouï, formé par Paris, une seconde ville a été jetée, à laquelle notre civilisation, plus affinée qu'aucune autre, soit raison d'hérédité, soit situation climatérique, a assigné un caractère, une originalité distincts, et le meilleur du succès revient à la domination constante de notre goût, à l'alliance plus étroite que jamais de l'industrie avec l'art qui partout a marqué fortement sa trace, au dedans et au dehors, dans le détail et dans l'ensemble.

Rappelez-vous l'impression qui saisissait dès l'abord, cette impression toute de charme et de joie. Rappelez-vous le plan simple, logique, aisé à saisir, les masses architecturales habilement distribuées, atteignant presque toujours à l'ampleur sans fatiguer l'esprit par une vaine recherche de la noblesse et du grandiose. Si heureuse en était l'économie, que ce tableau des activités prenait la séduction et la mise en scène d'un lieu de distraction. En vérité, au plus loin que l'on se plaise à remonter, aucune exposition n'avait offert l'exemple d'un pareil et irrésistible attrait de gaieté et d'enchantement; aucune n'avait mis ainsi au premier regard les yeux en belle humeur par le jeu des tonalités claires et plaisantes çà et là épandues.

D'où vient, si ce n'est que l'Orient a ramené l'amour des couleurs parmi nous? Architectes, ornemanistes, décorateurs, lui ont demandé de raviver l'éclat des palettes, de rajeunir l'inspiration tarie, d'apprendre l'oubli des formules courantes; ils ne se sont pas adressés au Japon seul, mais à tous les peuples du Levant, anciens ou modernes, artistes par instinct et non par éducation. D'une telle consultation est résultée cette polychromie, bien spéciale à l'Exposition de 1889, ces fines harmonies qui dégradent les nuances trop chaudes, afin de les unir sous notre lumière plus calme; et voici que l'ambition d'atteindre à une plus grande diversité d'effets a conduit l'architecte à accepter le concours, la combinaison de matières jusqu'alors rarement associées, à découvrir des ressources ignorées dans l'emploi du fer, et que le fer s'est émancipé, que son rôle, d'auxiliaire et caché, est devenu apparent et décoratif, enfin qu'il tend à former l'élément d'un style nouveau, en parfaite concordance avec l'esprit et la fièvre de notre temps.

Aucune équivoque cependant. Pareilles remarques ne concernent en rien le treillage métallique quadrangulaire, haut de trois cents mètres,— sorte d'enseigne de l'Exposition,— qui offre de ses étages successifs une série de panoramas aux horizons variés. Je contredis moins à son utilité pratique qu'à la « saisissante » beauté que la convention lui prête. Point n'est besoin, je pense, de rappeler que les artistes lui avaient par avance, sur le vu du projet, refusé toute signification esthétique, et qu'il sied de s'en tenir à ce jugement spontané. Un analyste peu faillible, J.-K. Huysmans, le confirma naguère, et s'avisera-t-on d'accuser le critique ou les artistes d'idée préconçue, de prévention contre la matière, quand ils se sont encore rencontrés pour insister sur l'importance de ce palais que le fer presque seul a réussi à édifier?

Aussi bien la *Galerie des Machines* décèle, en plus de l'œuvre rigoureusement déduite d'un algébriste, la création imaginative d'un architecte. Le sentiment qu'elle provoque est de même nature que le trouble éprouvé au spectacle des voûtes élancées, suspendues, de nos cathédrales gothiques, sans que la piété ou la religiosité y ait aucune part. Ici, point d'invitation au silence, au recueillement, et, au lieu de pénombre, la pleine lumière. C'est le travail qu'il fallait fêter, mettre en honneur, le travail dans tout son mouvement et son bruit, avec son appareil de vapeur et d'électricité, le travail d'aujourd'hui qui, pour la ruine de tant d'industries d'art, a divisé la tâche et substitué à l'effort individuel l'action uniforme, inintelligente, mais rapide, puissante et progressivement souveraine des procédés mécaniques. Afin d'établir et de glorifier la domination de la

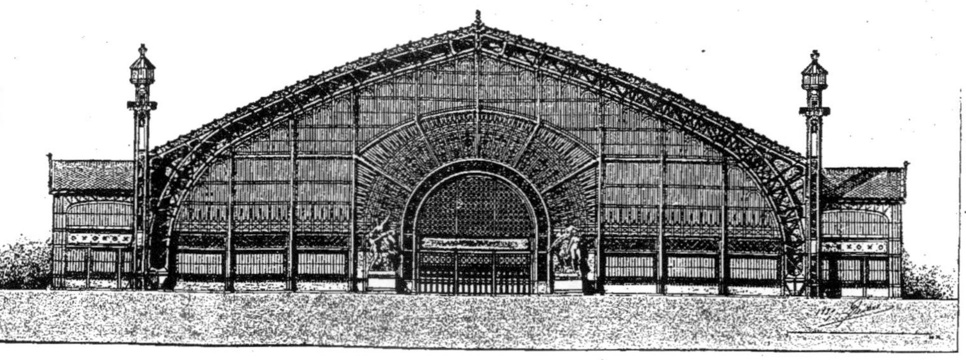

M. Dutert. — *Façade du Palais des Machines sur l'avenue de la Bourdonnais.*

(D'après un dessin de l'artiste.)

machine, on ne réclamait rien de moins qu'un *palais* aux dimensions colossales, inédites ; M. Dutert l'a élevé, et le monument, outre qu'il annonce de loin sa destination, dévoile encore le dessein du constructeur : faire embrasser d'un seul regard, dans leur infinie variété, les applications de la science moderne mise au service de l'ouvrier. Le but vous paraît atteint à souhait; étudiez les voies suivies pour y parvenir : la légèreté de la structure, le jet hardi et la courbe gracieuse des fermes qui fendent l'espace, pareilles aux ailes déployées d'un oiseau dans son vol, et essayez de détailler votre impression : les idées éveillées en votre esprit sont celles de la force, de la grandeur et de l'aisance; l'harmonie des proportions, en dissimulant l'étendue de la surface couverte, donne à l'invention gigantesque le prestige de l'élégance, et, ce qui retient et captive, c'est, sans contredit, la jouissance esthétique.

Il a encore été réservé au fer de composer, par le groupement ingénieux de différentes pièces de construction, le portail approprié des industries métallurgiques, puis de former un des principaux éléments de la décoration architecturale des palais des Beaux-Arts et des Arts libéraux. Cette décoration, nul n'a manqué d'y applaudir. Celui-ci en a vanté l'homogénéité; cet autre, la suprême distinction qui a présidé à son ordonnance; celui-là enfin, la mesure de la fantaisie riante et discrète. Mais le plus communément, l'éloge était attiré par l'accord des nuances de turquoise et de chair, — accord caressant et rare obtenu avec des matières méprisées, réputées grossières, que M. Formigé montrait capables de toutes les délicatesses. L'agrément du ton bleu de Perse est, j'en conviens, certain ; mais le métal sur lequel on l'a appliqué vaut aussi par le caractère décoratif, qu'il a su prendre ; le fer, d'ailleurs, semble, pour recevoir l'empreinte de

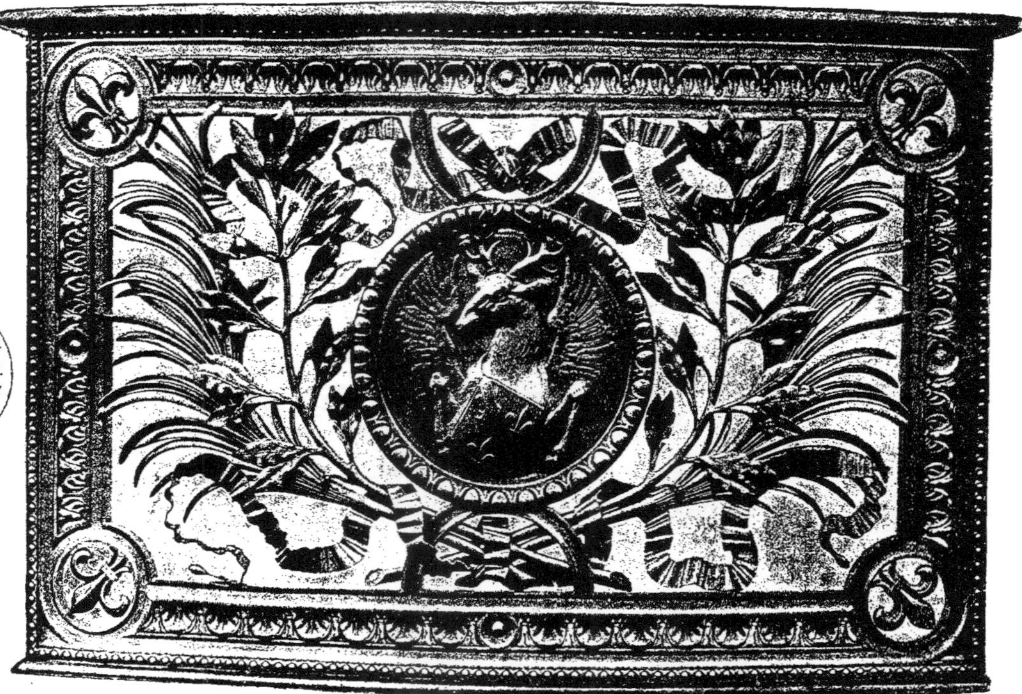

MM. Moreau. — *Balustrade de la rampe d'escalier du château de Chantilly.* — Composition de M. Daumet.

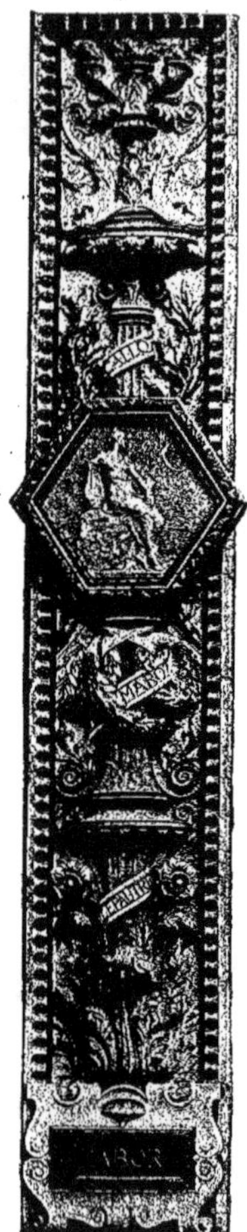
M. Lœbnitz.
Ornementation en terre cuite emaillée.

l'art, s'être attaché à rivaliser de docilité avec les zincs estampés (M. Chenevières), avec les plombs, les cuivres repoussés (M. Gaget et M. Monduit), et la fonte, de jour en jour plus affinée, sans le reléguer au dehors comme jadis, l'admet à participer à l'embellissement de nos demeures, de nos escaliers, de nos vestibules. Martelé ou forgé, il se voit l'objet d'une renaissance inespérément attendue et bien douce à signaler, car nos ferronniers, sans se résigner à la tâche de recommenceurs, prétendent au contraire inventer, et ils y réussissent; tel M. Marrou, de Rouen, tel M. Baudrit, tel encore MM. Moreau, les exécuteurs, d'après les dessins de M. Daumet, de la rampe du château de Chantilly, parue en 1884 et déjà célèbre.

Le fer est la sertissure adoptée par M. Formigé pour encadrer et mettre en valeur le revêtement de ses palais où la terre cuite ouvragée développe dans les montants, les frises, les balustrades, tout un thème d'ornementation puisée, sans discordance, à des sources multiples; et l'idée a été heureuse de marquer l'entre-colonnement du porche (au palais des Beaux-Arts), sans

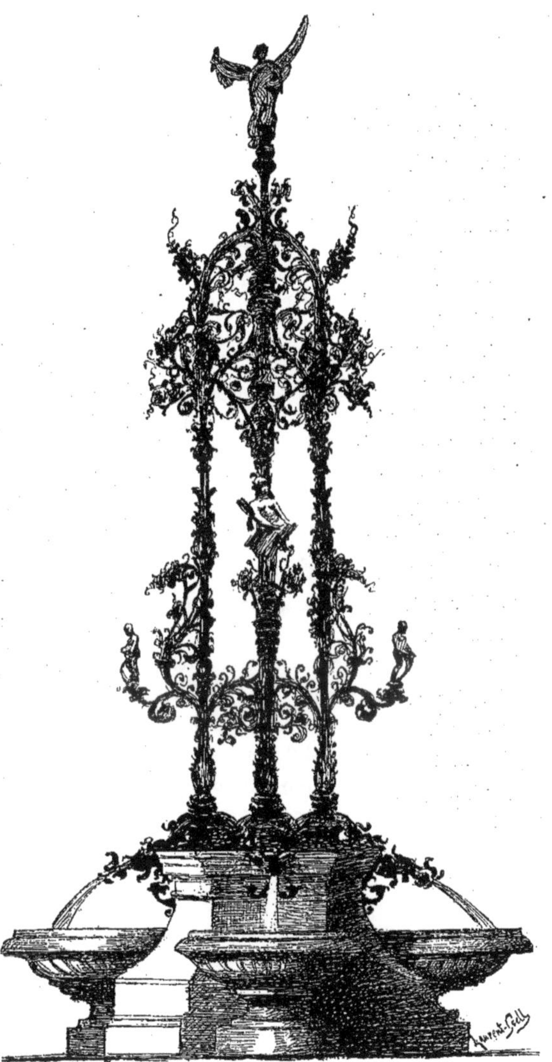

M. Marrou. — *Fontaine en fer forgé et repoussé au marteau.*

changer de matière, en faisant de nouveau appel à la terre sculptée, puis émaillée cette fois de douces teintes, laiteuses, bleuâtres ou dorées. Ces bas-reliefs polychromes, loin de divorcer avec l'ensemble, s'unissent, se fondent à distance avec lui, et un autre effet de la tendresse des nuances est de conserver au symbolisme des compositions de M. Roty son indicible charme de jeunesse, de poésie et de grâce. Quelle chimère fût cependant demeurée la conception de M. Formigé, si pour la réaliser, il n'avait pas trouvé en MM. Lœbnitz, Müller, Parvillée, des interprètes en pleine possession de *l'art de terre* et animés, eux aussi, de l'ambition d'établir l'aide que la céramique est destinée à prêter à la construction, du sol au faîte, puisque, sur les coupoles des deux palais, étincellent des tuiles plates, émaillées de blanc, d'or, d'azur. L'exemple de M. Formigé n'est pas sans second, et d'identiques préférences de goût s'accusaient dans le pavillon de la République argentine, édifié par M. Albert Ballu, et réunissant sur ses surfaces extérieures le fer, la terre cuite, la porcelaine, la mosaïque, le verre même.

De telles recherches, un désir nouveau de rationalisme manifeste dans les portails des sections étrangères, industrielles, coloniales surtout, — car personne n'a oublié, j'imagine, les pylônes excellemment caractéristiques par lesquels M. Charles Gautier marquait, au quai d'Orsay, l'entrée de l'esplanade des Invalides, — de telles recherches doivent consoler de n'avoir pas retrouvé des types d'architecture de la valeur et de l'enseignement de ceux assemblés en 1878 dans la rue des Nations. Si, les jardins une fois parcourus, l'envie ou le hasard mène dans quelqu'une des travées affectées à l'art somptuaire, avant même de détailler les ouvrages soumis à notre curiosité, le soin qu'on a eu de les bien présenter est pour flatter notre instinct de l'élégance, pour

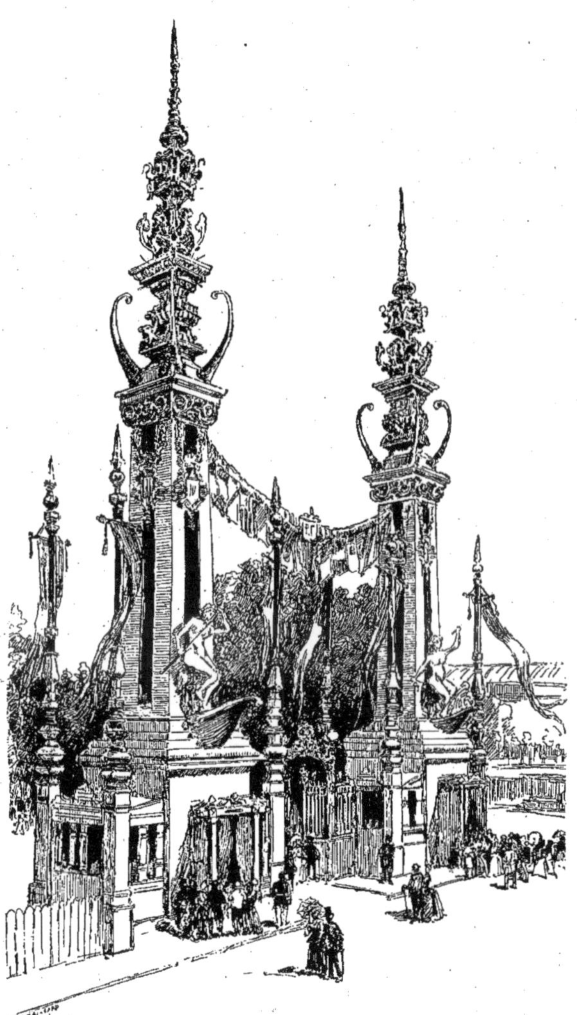

M. Charles-A. Gautier. — *Pylônes de la porte d'entrée de l'Esplanade des Invalides.*

réjouir et plaire. Il y a dans ce luxe de bon aloi des aménagements, dans la convenance des installations, — celle de la joaillerie et celle de la parfumerie où éclate si vivement la qualité de goût de M. Frantz Jourdain, — il y a un progrès sur lequel on insiste d'autant plus volontiers, qu'il ne s'en rencontre peut-être pas de plus précieux, de plus décidé.

A considérer dans leur ensemble les applications de l'art au mobilier, on doit confesser qu'il n'est que peu de leçons à retenir des étrangers (venus en nombre restreint), et que parmi les exposants français, à la perfection toujours grandissante du métier, de la main-d'œuvre, correspond l'affaiblissement apparent de la faculté créatrice. Le parti n'en est que mieux arrêté chez nous, qui assimilons l'industriel d'art à l'artiste, de ne point varier notre mode habituel d'examen des Salons pour suivre les transformations du bois, du tissu, du métal, de la terre, du verre. Ainsi fit, en d'autres temps, Castagnary, et, selon le principe du philosophe, du critique éminent si vivement regretté par les lettres, l'administration et les arts, nous reléguerons résolument dans l'ombre les redites, pour viser à dégager les tendances, à mettre en lumière les novateurs.

II

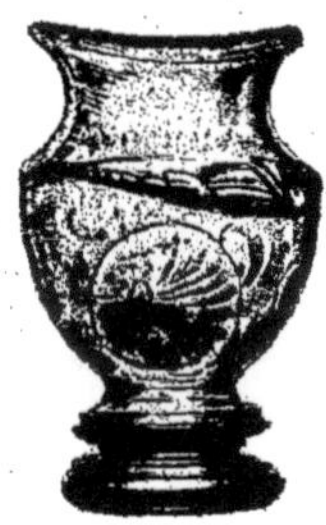

M. Émile Gallé.
Vase en cristal ciselé.

La tâche ne laisse pas d'être malaisée, souvent amère. Entendre célébrer de tous côtés la suprématie de nos menuisiers, de nos ébénistes, mesurer l'estime que tant d'excellents esprits professent à l'endroit de leurs ouvrages et s'inscrire en faux contre l'optimisme de pareils jugements, rêver de dessiller les yeux, d'anéantir les illusions les mieux invétérées, quel rôle ingrat et peu enviable! J'admets que la technique est d'une sûreté sans égale, que le meuble est rehaussé de sculptures fouillées avec une volonté, un fini, une patience que rien ne lasse, et suis prêt à reconnaître la netteté irréprochable des assemblages, comme à certifier exacte la formule naguère retrouvée du vernis de Martin. Faut-il dire que, pour la beauté du travail, aucune époque n'a surpassé la nôtre? J'y souscris encore; mais il me presse davantage d'apprendre l'objet de tant de soins, le but de tant d'efforts, de savoir à quoi s'emploient cette activité, cette indéniable science. L'aveu est pénible : à quelque pastiche de l'ancien. Ainsi des industriels, maîtres de la pratique de leur art, acceptent de plein gré le rang d'imitateurs et se déclarent satisfaits quand ils ont répété, à s'y méprendre, telle commode ou tel bureau fameux. S'ils se risquent par aventure à ne plus copier de façon textuelle le passé, vous les voyez s'en inspirer servilement, au point que leur création ne peut guère être tenue que pour une variation sur un thème connu...

Depuis la Restauration, nos styles nationaux, le gothique, le Renaissance, le Louis XIII, le Louis XIV, le Louis XV, le Louis XVI, se sont trouvés tour à tour remis en faveur; voici maintenant venue la mode de l'Empire. C'est le souvenir des doctrines de Percier et de Fontaine qui a dicté, à n'en point douter, l'inspiration de ces deux chambres à coucher, l'une en citronnier et acajou, l'autre en citronnier et buis, exaltées à l'envi dès la première minute. Il demeure entendu qu'il n'y a dans ces ameublements qu'une interprétation, une adaptation, — heureuse par endroits, — et que les qualités de distinction, de mesure, propres au goût français n'en sont pas absentes. Je prie seulement qu'avant de crier au miracle, on se veuille bien rappeler que le véritable créateur n'attend rien de ses devanciers et ne procède que de lui-même. Un penchant plus original a porté quelques ébénistes à allier le vieux chêne sculpté avec l'émail et le marbre, et il me plaît de citer comme exemple le cabinet exécuté par M. Blanqui, dont le dessin est dû à l'architecte distingué qui, par ses efforts incessants, ses œuvres, ses fondations même, a servi avec un zèle chaleureux la cause de la décoration ; vous avez tous nommé M. Paul Sédille. Une autre tendance à noter est la recherche de bois clairs, cirés d'ordinaire, afin d'obtenir la

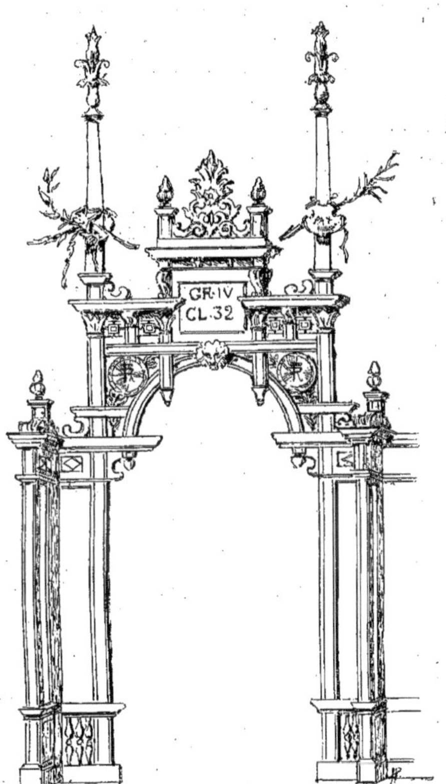

M. Paul Sédille. — *Portique d'une galerie dans le palais des industries diverses.*

matité et de laisser apparaître dans son moindre détail le dessin des veines et des moirures. Les rouges cuivrés de l'acajou alternent avec les pâleurs blondes du jeune chêne dans l'escalier à double rampe de M. Kriéger, conçu dans le même style *Renaissance-troisième République* que les palais de M. Formigé, et c'est de robinier et de hêtre que sont faits les kiosques où M. Émile Gallé, *homo triplex,* se révèle du même coup potier, ébéniste, verrier, — dominant de sa haute individualité l'art industriel de cette fin de siècle.

Rien chez lui qui ne dérive de l'instinct des belles choses, de l'affinement de la perception, de la rêverie évoquée au contact des réalités ambiantes et surtout d'un amour sans bornes pour le sol natal qu'il chérit avec les mille tendresses d'un sensitif, d'un lettré, d'un savant. Aussi, pour le récompenser d'un attachement si rare, le bon pays de Lorraine, qui ne sait pas être ingrat, s'ouvre à lui libéralement, livre à son étude, à sa méditation le trésor de ses prés, de ses forêts, de sa flore, de sa faune. Plus généralement, les créations de M. Gallé se différencient des autres en ce qu'elles se composent dans leur entier d'éléments tirés de la nature. Les bois qu'il aime à travailler sont ceux de sa province, soit qu'il les sculpte et qu'il demande aux motifs d'ornementation de devenir les emblèmes de la matière ou d'annoncer la destination de l'ouvrage, soit qu'il se constitue avec leurs différentes essences la palette aux mille nuances nécessaires à ses marqueteries réalistes; sur les flancs et les dessus de ses tables, de ses commodes, ce ne sont que fleurs, plantes, herbes, oiseaux ou papillons figurés dans le vrai de leur allure, de leur couleur, et jetés, en toute liberté, le plus simplement du monde. L'invariable règle de M. Gallé est de tirer la décoration de l'effet du bois, et toujours il lui conserve son aspect, — même en ses inven-

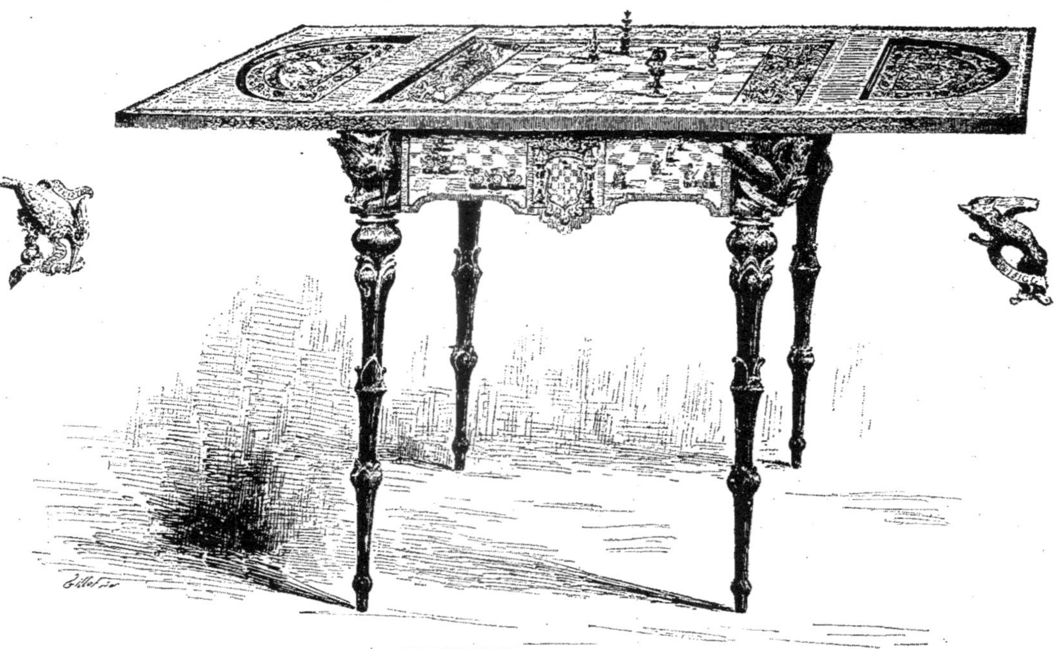

M. Émile Gallé. — *Échiquier en amarante sculpté, avec mosaïque de bois des îles et d'étain, damier et pièces en cristaux améthyste et enfumés.*

tions les plus compliquées, comme la table à jeu, la table de musée à épine et à rallonges en noyer et prunier, comme l'échiquier en amarante illustré de scènes animées retraçant les phases du jeu d'échecs à travers les âges (le meuble le plus personnel, le plus imprévu de l'exposition à notre gré avec le chiffonnier à œillets); comme encore cette vitrine de salon que, dans sa piquante notice au jury, M. Gallé a analysée lui-même avec l'entrain, la chaleur d'un artiste justement épris de sa conception. « Les motifs des sculptures, des bronzes d'appliques, des gravures et des marqueteries, expliquent, dit-il, l'usage du meuble appelé à contenir les publications à images qui éclosent vers Noël et le nouvel an. Les glaces sont frimatées de paysages et d'étoiles de neige. Les devises : *Noël, Noël au gui l'an neuf !* enlacent le sapin cher aux Alsaciens-Lorrains; les roitelets s'accotent dans les buissons de houx; les noctuelles de novembre et décembre s'abattent aux vitres et cherchent les bougies de Noël; l'aune et le noisetier préparent audacieusement leurs *chatons* sous les congélations du verglas : le gui emperle les bronzes; l'hellébore rose de Noël, le jasmin à fleurs rusent avec la bise et le givre. Enfin sur une flaque de neige ces mots sont écrits : *Contes d'hyver.* » Ainsi, — et cette description suffirait à le proclamer, — le maître lorrain, loin de limiter son ambition au plaisir des yeux, se préoccupe sans relâche de solliciter l'intérêt de l'esprit, l'éveil du sentiment par un symbolisme conforme en tous points aux aspirations de l'évolution contemporaine.

Mais M. Émile Gallé n'est intervenu qu'en manière d'exception précieuse, unique. Passons outre. La situation de l'ébénisterie et de la menuiserie d'art s'accuse grandement inquiétante en ceci que la double industrie régit toutes celles appelées à concourir à l'ameublement et les entraîne à des errements paral-

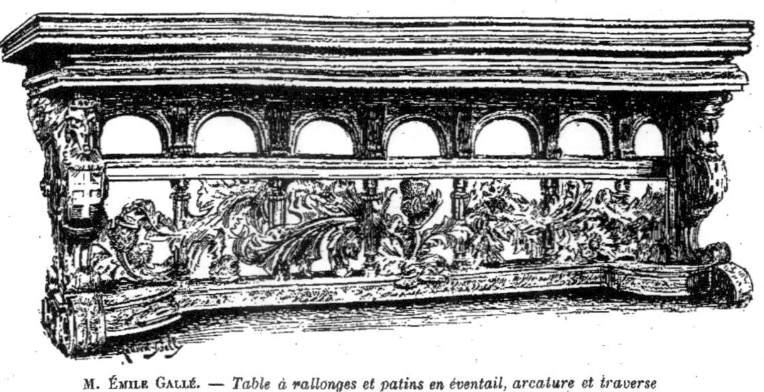

M. Émile Gallé. — *Table à rallonges et patins en éventail, arcature et traverse reliées par une décoration à claire-voie formée d'un chardon lorrain.*

lèles. Pour la tapisserie, malgré la production qui va chaque année diminuant d'importance et se réduit presque à néant aujourd'hui, les traditions se sont maintenues à merveille dans notre établissement national et dans les ateliers privés de M. Braquenié, de M. Hamot; la facture habile comme aux meilleurs jours (trop habile même quand elle rapproche à plaisir les demi-teintes destinées à s'effacer bientôt sous l'action de la lumière) vaut et par la perfection du tissage et par la finesse du rendu. Mais le choix hasardeux du modèle compromet étrangement le résultat, et le nom m'échappe de l'industriel entiché de l'ancien et si bien parvenu au trompe-l'œil fac-similaire, que force lui a été d'affirmer *neuves*, au moyen d'une pancarte, les tapisseries de sa fabrication. Vit-on jamais si sot penchant à renier son époque, à tenir en mépris ceux qui lui font honneur? Plutôt que de s'attarder à cette stérile évocation du passé, c'est aux Puvis de Chavannes, aux Gustave Moreau, aux Cazin, aux Besnard, aux Galland, aux Carrière, aux Chéret, aux Quost, aux Willette, aux Grasset, qu'il faut s'adresser sans délai pour soustraire encore la tapisserie du XIXe siècle à la domination franche ou inavouée des âges disparus, pour lui assigner un caractère, une date, en l'obligeant à refléter la ressemblance de notre temps, à enfermer dans sa trame l'idéal moderne. Et que l'on ne s'attache pas à nous représenter la nécessité, pour l'exécuteur d'un carton, de connaître auparavant la technique du mode d'interprétation; rien de plus évident, et l'argument demeure sans valeur, car cette éducation préalable ne saurait être plus vite accomplie que par ceux-là dont nous venons d'écrire les noms et qui possèdent d'instinct le goût du décoratif.

La tapisserie est la tenture noble par excellence; la richesse de l'effet, la lenteur du travail et partant l'élévation du prix de revient, expliquent de reste ce surcroît de considération. A mesure que l'on aborde des tissus moins fiers, la manie de contrefaire, loin de décroître, gagne et s'étend plus au loin. Les velours, les brocarts de Lyon reproduisent les ornementations familières aux anciens styles, — celui de l'Empire premier y compris, — et le curieux est de voir le même centre se complaire à des réminiscences dans ses étoffes d'ameublement, et innover pour ses taffetas, ses damassés, ses soieries de robes, des dispositions où reviennent le plus souvent les fleurs, les palmes, les plumes traitées dans la grandeur même de la nature et posées avec une indépendance dont le Japon a fourni à coup sûr l'exemple. A Roubaix, l'emploi de matières plus grossières semble ouvrir au plagiat un champ illimité; le passé français n'est pas seul interrogé, mais celui de l'étranger et de l'Orient aussi. Le nombre des spécimens de tenture parvient de la sorte à donner l'illusion d'une abondance qui n'est à vrai dire qu'une variété d'imitations. M. Jansen et M. Kriéger se sont chargés de dénoncer les effets de cette indigence. Avides de fixer la mesure du luxe de nos demeures et de l'art du tapissier à l'heure du Centenaire, ils ont réalisé deux pièces-types — une chambre à coucher Louis XVI-Empire et un salon, — aménagées dans leurs détails, prêtes à être habitées, et seuls les peluches unies, les velours et les satins pékinés ton sur ton ont été adoptés pour le revêtement des murs, la couverture des sièges, les draperies du lit ou des fenêtres. Il y a moins de faste, mais peut-être plus de fantaisie dans l'ameublement de M. Kriéger; la sculpture, — qu'on entende par là les bahuts, les portes, la cheminée en jeune chêne mouluré d'acajou, — y acquiert une importance d'autant plus grande que chaises, canapés, fauteuils ne laissent apparaître aucun bois; l'harmonie générale est cherchée dans l'accord des tissus de couleurs tendres ou pâlies avec les teintes douces de la menuiserie ; puis c'est contre les trumeaux une frise peinte, des émaux appliqués, des passementeries, et jamais ne s'était révélé comme ici, et devant la vitrine de M. Warée, le rôle auquel a droit de prétendre la broderie dans l'ameublement...

III

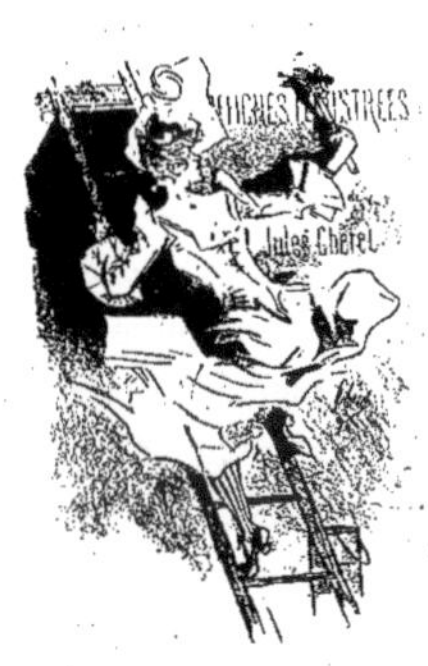

M. Jules Chéret.
Projet d'affiche.

Parce qu'on a aimé, non sans raison, pour l'éclat, la qualité de leurs nuances, et pour leur solidité les tapis de Koula, de Korassan, de Madras, il s'en est suivi fatalement que, parmi les dessinateurs de moquette, l'influence de la Turquie, de la Perse et de l'Inde règne en souveraine; le mal n'est pas particulier à la France, il sévit encore à Deventer en Hollande, à Moffersdorf en Autriche, où les efforts tendent à obtenir par la hauteur des laines, la souplesse moelleuse, le ouateux des carpettes de Smyrne; et à Halifax, MM. Crossley partagent leurs préférences entre les gammes orientales ou décolorées, plutôt que de s'engager dans un chemin inexploré. Bien différents sont leurs compatriotes M. Jeffrey et M. Wollams, et, par toute l'Exposition, il n'était point de papiers peints sachant, à l'égal des leurs, reposer l'œil par la simplicité du motif, la fraîcheur des tons ; en cet instant même, j'en crois revoir un, très clair, qui a l'aspect d'une aquarelle largement lavée, où l'iris est ornemanisé sans sacrifice ni déformation inutile ; un autre, verdâtre, m'est resté dans le souvenir : au milieu de rinceaux, un paon est figuré, dont l'image réduite se répète dans une bordure de la plus heureuse invention. Voilà pour nous toucher davantage que la tentative laborieuse, illogique, de tel fabricant jaloux de simuler l'épaisseur du velours, les reflets du damas, le point de la tapisserie, le grain de la toile. Ce n'est point à dire que la section française soit sans attrait : le papier en camaïeu de M. Jouanny, qui montre des roses trémières détachant à espaces réguliers, sur un fond uni, leurs silhouettes élancées, est inspiré directement, franchement de la nature ; l'intention est la même de laisser nue la partie supérieure de la tenture dans un second modèle (M. Petitjean), où des échassiers se perdent au milieu de hautes herbes ; et la disposition paraîtra rationnelle, en ce sens qu'elle meuble les soubassements laissés d'ordinaire libres aux regards, et qu'elle offre aux tableaux, aux objets suspendus dans l'intervalle de la mi-hauteur au plafond, l'entour toujours enviable d'une surface neutre... Les ressources de l'impression, un maître de l'estampe contemporaine les a déterminées, et des affiches exposées par la maison Chaix, il était loisible d'apprendre par quels moyens nos faiseurs de tentures pourraient reconquérir leur prestige d'antan, et quelle évolution saurait déterminer l'admirable artiste qui a créé de toutes pièces une industrie et affiché sur les murs de Paris la franchise, la droiture de l'esprit français !

Arracher la rue à la monotonie grise et morne des édifices alignés au cordeau ; y jeter le feu d'artifice des couleurs, le

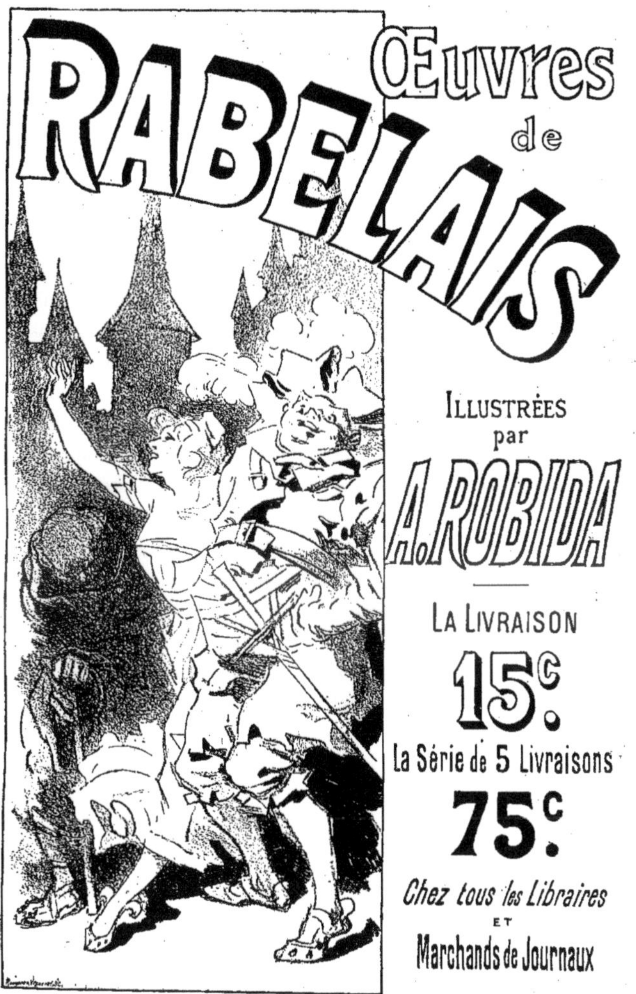

M. Jules Chéret. — *Affiche illustrée.*

rayonnement de la joie; convertir les murailles, les soubassements en surfaces décorables et, de ce musée en plein vent, tirer la révélation du caractère d'une race et en même temps l'éducation inconsciente du goût public, c'est cela la tâche de M. Jules Chéret. Du caprice de son génie ont surgi, sous prétexte d'annonces, mille évocations charmeresses et rieuses. L'affiche s'est vue élevée par lui au rang de l'estampe; indifférente ou triste, auparavant, elle a été contrainte de demander à la palette du peintre son élément de séduction, sa chance de succès, de persuasion. Ainsi Chéret s'est joué, vingt ans et plus, des thèmes ardus que proposait à son illustration la fièvre de publicité; et de cette fièvre croissante il a profité pour s'emparer de la grande ville, lui imposer la fantaisie d'une parure sans cesse renouvelée, pour devenir, en somme, l'unique décorateur du Paris de maintenant.

En dehors de la signification morale des affiches de M. Chéret, de leur très fin sens psychique et, à ne regarder que la notation, son art, d'essence française, de quintessence parisienne, est tout primesautier. C'est le libre jet d'une verve généreuse, étincelante, heureuse de se dépenser parce qu'elle est assurée de ne se lasser et de ne se répéter jamais. Ses inventions transcrites dans le moment même où l'esprit les conçoit, animées de la chaleur de l'émotion créatrice et de la fougue de l'inspiration, gardent en définitive l'imprévu de l'instantané. Mais le remarquable est que tant d'ouvrages, improvisés avec une spontanéité habituelle aux seuls artistes du Nippon, témoignent d'un respect absolu des nécessités de la convenance et de la destination. Tout s'y trouve établi en vue du rôle que l'affiche doit tenir, de la place qu'elle est appelée à occuper. Le sujet d'un symbolisme simple, clair, se laisse saisir de loin au premier regard; la légende, sans diminuer ni outrer son importance, remplit, comme il sied, son office indicatif, tantôt jetée dans les vides, tantôt donnée comme cadre à la composition, d'autres fois, mais plus rarement, s'enchevêtrant avec elle. Dessin et lettre s'accordent à se faire mutuellement valoir au profit de l'homogénéité de l'ensemble à laquelle concourt encore la couleur dont l'éclat va s'atténuant selon l'éloignement des plans. Au résumé, nul effet ne fut mieux

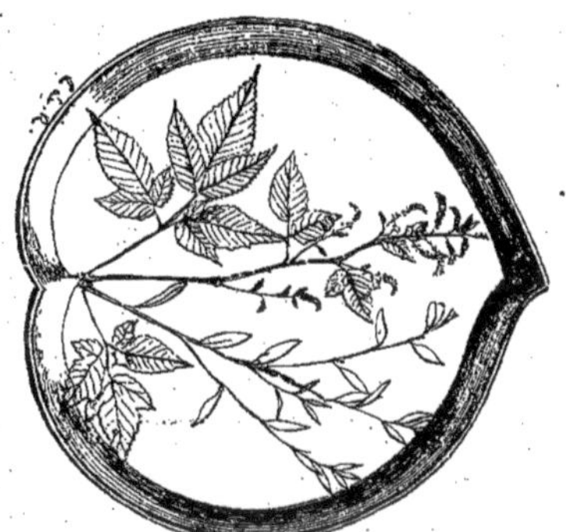

MM. Christophe. — *Plateau en argent décoré de plantes naturelles.*

atteint, nulle tenture ne décela une plus rare et plus instinctive entente de la décoration. Aussi l'étonnement vient que jamais carton de tapisserie, plafond de salle de théâtre, de concert ou de bal n'aient été demandés aux pinceaux de M. Chéret; on pressent combien heureusement la fantaisie de l'artiste se serait jouée sur de grands espaces. On cherche à la création imaginaire des équivalents dans le passé et, plutôt encore que Tiepolo, c'est Goya qui s'offre en parallèle, et dans la pensée flotte l'image des gaies et lumineuses fresques de San Antonio de la Florida.

L'écriture n'a pas été ménagée pour vanter l'habileté des fondeurs, l'exactitude de leurs réductions d'ouvrages statuaires, aujourd'hui répandues à foison dans nos salons, le fini de leurs cuivres, de leurs bronzes de meubles ou d'appartements. Cependant, prenons soin de le noter, la lumière électrique n'a pas encore rencontré le mode de présentation spéciale qu'elle exige impérieusement et, à n'envisager que le façonnage du métal, il importerait de louer surtout MM. Gonon, Bingen, Liard, d'avoir retrouvé dans son absolue perfection le procédé « de la cire per-

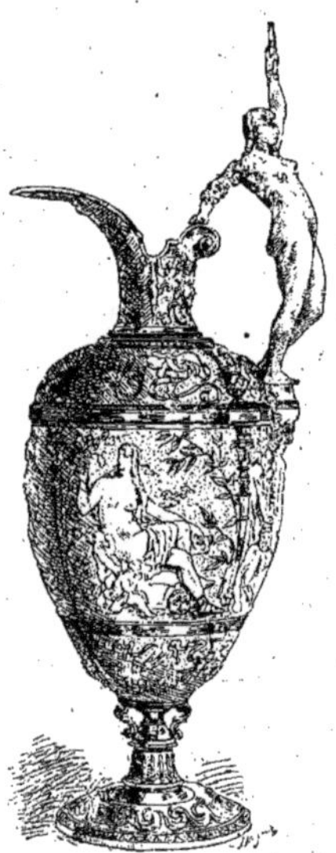

M. Brateau.
Aiguière en étain ciselé.

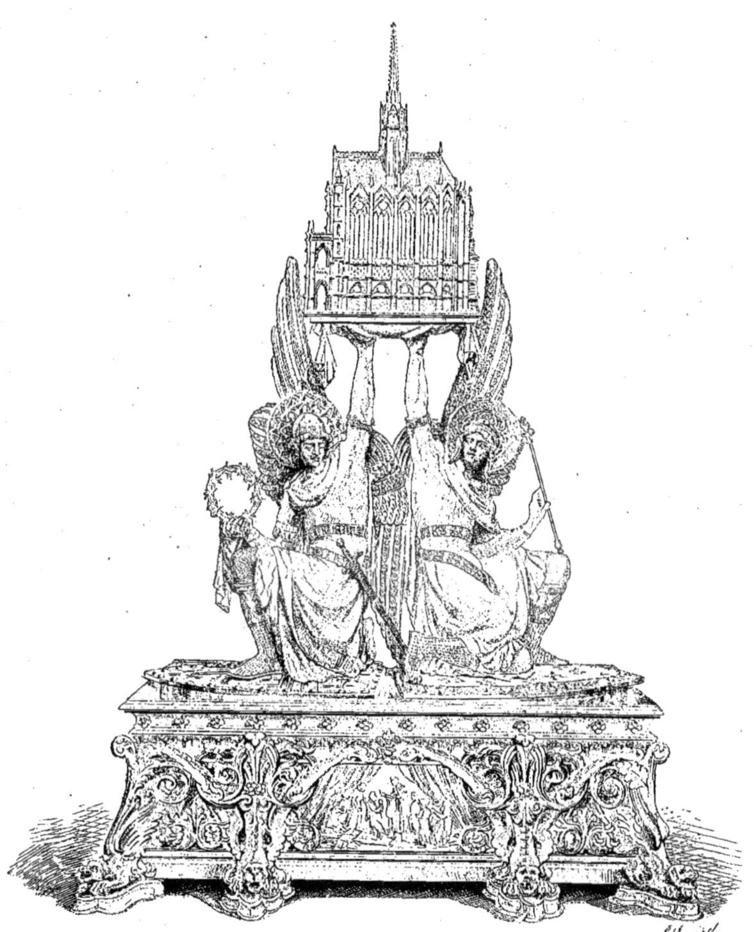

M. Armand Calliat. — *Reliquaire de saint Louis, en bronze doré et émaillé.*

due », puis M. Ringel d'être l'auteur de cette découverte d'un intérêt incalculé : la fonte directe sur matière molle. Mais la destinée des novateurs est faite du dédain de leurs contemporains, et ils puisent, semble-t-il, dans l'isolement, le courage de leur labeur obstiné. M. Brateau met son honneur à travailler l'étain avec un amour sans bornes ; M. Cuzin et M. Marius Michel mosaïquent de diaprures le cuir, le rehaussent de bouquets, de dentelles aux petits fers, tandis que M. Gruel le cisèle en relief du burin le plus souple ; l'éventail reçoit de M. Évette, de M. Rodien des montures ignorées ; MM. Gauvin, Vechte, Dufresne de Saint-Léon, donnent ses lettres de grande naturalisation à cet art de la damasquine qui paraissait la propriété d'un pays, l'Espagne, et d'une de ses plus chères gloires de maintenant, M. Zuloaga. Tous trois d'ailleurs modèlent, et nous ne nous lasserons pas de protester contre un préjugé propre à établir entre les manifestations du beau des catégories arbitraires, qui séparent l'art de ses applications, dispersent en tant d'endroits l'effort esthétique, comme pour empêcher d'en suivre la trace, d'en mesurer la portée. En quoi les figures exposées par MM. Falize, Christophe, Boucheron, Vever différaient-elles des sculptures réunies dans le palais des Beaux-Arts ? Ne sont-elles pas signées des mêmes noms : Mercié, Barrias, Delaplanche, Cordonnier, Bottée, Falguière, Jacquemart ? En telle occurrence la taille fait-elle rien à l'affaire ? Prend-on conseil de la qualité du métal, de la combinaison ou du prix des matières : ivoire, or, émail ou argent ? Mais Simart, Clésinger, Cordier, Moreau, n'ont pas eu d'autre but que d'user pareillement des ressources de la polychromie, de l'exemple de la statuaire chryséléphantine, et jamais le vague caractère d'utilité des coffrets de M. Diomède, de M. Dufresne de Saint-Léon, du bouclier des frères Fannières, du vase de M. Froment-Meurice, ne saura les

MM. Bapst et Falize. — *Grand plat à rôti, en argent ciselé et repoussé.*
(Acquis par le Musée des Arts décoratifs.)

entraîner à déchoir de leur rang de chefs-d'œuvre. Qu'on se souvienne enfin qu'au temps jadis l'orfèvre avait le pas dans les cérémonies publiques sur les autres corps de métier, qu'architectes, sculpteurs, émailleurs, lapidaires, verriers, lui obéissaient, et que, à l'égard de cette subordination, il n'est pas certain que les choses ne soient pas demeurées en l'état.

L'autel, d'une belle allure gothique, que l'église Saint-Ouen de Rouen recevra des ateliers de M. Poussielgue, a été exécuté d'après les bas-reliefs de M. Charles Gautier, les dessins de M. Sauvageot, le savant restaurateur de tant de nos monuments historiques; et la pièce essentielle d'orfèvrerie religieuse, l'inoubliable reliquaire de saint Louis par M. Calliat, ne participe pas moins de l'architecture que de la sculpture. En lui tout est pour attraire : la facture, les dimensions et l'invention vraiment touchante de ces deux anges aux ailes déployées qui, un genou en terre, soutiennent fièrement une mignonne réduction de la Sainte-Chapelle édifiée par le roi pieux. Il ferait beau étudier, objet par objet, dans leurs détails longuement cherchés, les autres travaux de l'orfèvre lyonnais et établir comment M. Calliat souhaite mettre les plus modernes parures au service du culte divin... De semblables tentatives ne vous trouvent jamais plus sensible que lorsque l'attention se fatigue au spectacle des redites de l'orfèvrerie civile, où le Louis XV domine en maître. Je n'ignore pas que l'intelligence de l'époque est mieux raisonnée, que le client l'adopte volon-

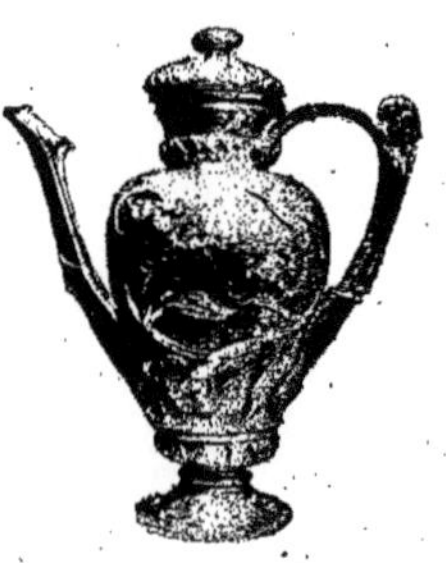

M. Veyer.
Cafetière en argent repoussé.

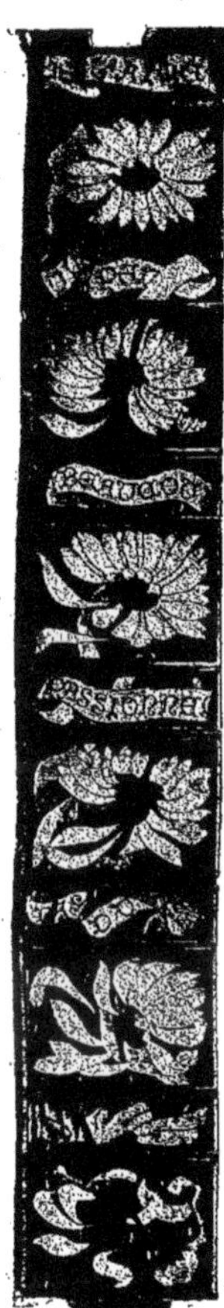

MM. Bapst et Falize.
La Chanson de la marguerite, *bracelet en émail cloisonné.*

tiers parce qu'il y est accoutumé, et même, au point de vue esthétique, que l'ondulation des formes donne aux silhouettes une animation de beaucoup préférable à la rigidité du style Empire, hier restauré par M. Odiot. Mais l'heure n'est-elle point sonnée de renoncer à regarder toujours en arrière ? Bien en a pris à M. Vever de se révolter, d'ouvrir les fenêtres sur la campagne, de repousser dans l'argent des mimosas et des roses fraîches cueillies ? Que M. Falize se hâte de réaliser à son tour le service *naturaliste* qu'il nous promet et dont il a narré la piquante aventure. Vous la voulez connaître ? Et pourquoi non ?

« A l'époque où s'ouvrait au ministère de l'agriculture le concours pour les modèles de prix, écrit M. Falize dans la *Gazette des Beaux-Arts*, la maison Christophe emportait avec les jolies compositions de Roty, de Coutan, de Moreau, de Gautherin, de Falguière, de Jacquemart, de Delaplanche, de Mallet, la plupart des commandes, et c'était justice.

« Ce dont je me souviens et ce que je veux dire, c'est que j'avais apporté, moi aussi, un modèle de plat et un modèle de soupière, qui demeurèrent perdus dans cette profusion de plâtres et que ne vit même pas le ministre. M. Bouilhet, qui n'est pas ministre et qui a le temps de mieux voir, m'en fit compliment ; il ajouta même que c'était le morceau le plus nouveau qu'il eût vu dans tous les projets exposés, et il s'en souvint si bien que, de bonne amitié, il me vint trouver au début de l'Exposition, m'avouant franchement qu'il avait besoin de mon idée et me priant de lui prêter le sculpteur qui me l'avait si bien traduite. Nous sommes assez liés, assez amis pour nous aider, et voilà comment j'ai donné à MM. Christophe la collaboration de Joindy et le brin de céleri qui leur plaisait tant.

« Oui, j'avais imaginé de faire un service où les herbes potagères auraient été les seuls éléments de décoration ; j'avais commencé par le chou et par le céleri, dont la côte cannelée donne une mouluration pittoresque et solide ; j'aurais continué en empruntant au persil, à la carotte, à toutes les légumineuses, aux fèves, aux solanées, à toute la jolie flore si dédaignée qui s'épanouit au potager, ses feuilles, ses tiges, ses racines, ses fleurs, ses fruits, et je rêvais toute une argenterie nouvelle quand Bouilhet m'a tout pris.

« Eh bien, non, il ne m'a rien pris du tout. Je croyais qu'il m'avait deviné ; mais ni lui ni Joindy n'ont compris ce que je voulais faire ; ils m'ont gardé ma côte de céleri, ils m'ont chipé quelques carottes, et ils ont plaqué cela sur une très jolie forme côtelée empruntée aux recueils de dessins d'orfèvrerie Louis XV de la Bibliothèque. Mais si vous croyez que j'aurais fait du Louis XV, moi, — non pas ! — Quand je me déterminerai à être tout à fait orfèvre, j'entends être un orfèvre d'aujourd'hui et non pas un vieux du siècle passé. J'ai fini mon plat, je le garde avec sa date ; il sera cher, car il est beau ; mais le jour où je trouverai un homme assez riche et assez intelligent pour oser avoir une argenterie à lui, qu'il vienne de Londres ou de

Boston, de Paris ou de Pétersbourg, il l'aura et je la signerai. »

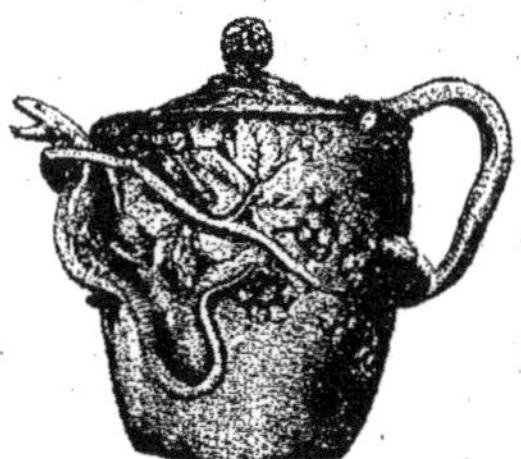

MM. Bapst et Falize.
Théière ronces et lézards en argent ciselé.

Le fin lettré, n'est-il pas vrai? qui se repose de son labeur

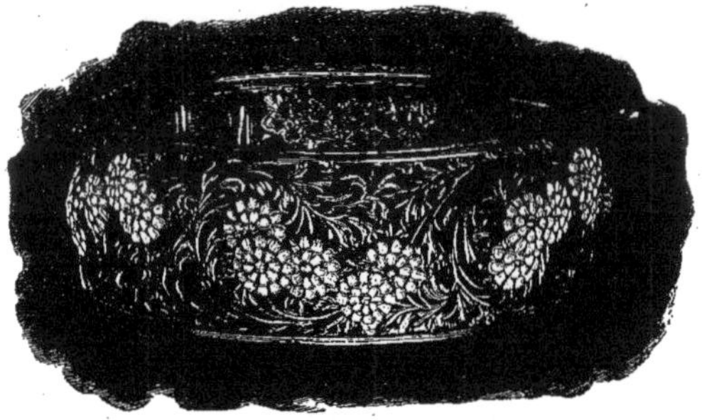

MM. Bapst et Falize.
Bracelet camomille en or ciselé et émail bleu.

d'orfèvre en ciselant avec tant de charme et de bonhomie d'expression un conte d'une humeur et d'un tour si français!

Beaucoup est à espérer de MM. Vever, Boucheron, Bouilhet-

Christophe, Froment Meurice, et tout de M. Falize. Je m'en réjouis, car il dirige ses recherches de côtés si divers que son développement de la faculté créatrice balance les défaillances, les réminiscences ailleurs trop nombreuses. On lui doit le vase sassanide, « cette gemme aussi extraordinaire que celle du trésor de Saint-Marc et du musée du Louvre », puis la résurrection de l'émail de basse-taille. Et pour que se prouvent notre attention et notre indépendance, je m'enhardis à proposer comme préférable au cadre d'argent gris des *Trois couronnements* une moulure d'or mat, une note riche en accord avec l'éclat même du fond et des couleurs du tableau en émail.

Mais cette infime querelle vidée, quelle richesse d'imagination, quel opiniâtre souci de signification intellectuelle dans ses bracelets, ses bijoux, sa reliure, et, partout chez lui, quelle fantaisie sans cesse renouvelée et de haut goût !

Nos joailliers n'ont jamais affirmé aussi nettement leur intention de ne demander qu'à la flore leur inspiration, et leurs tendances sont aussi celles des monteurs de perles, de pierres et de diamants du nouveau monde.

Il s'en faut, en effet, que l'Amérique soit quantité négligeable en ces matières. Au pays des dollars est née une orfèvrerie dont nous prisons sans restriction la saveur étrange. En décomposez-vous les éléments ? Ils viennent de l'Inde, du Japon, de la Perse; mais, à cette fusion des styles de l'Orient, la nature a présidé.

Les formes prennent une gravité quasi imposante; les altérations du métal par le martelage ou les oxydes, le repoussage, les relief : un semis d'orchidées, des escargots promenant leur coquille à travers les lianes moussues, constituent un décor imprévu, riant, au gré de M. Gorham. Mais

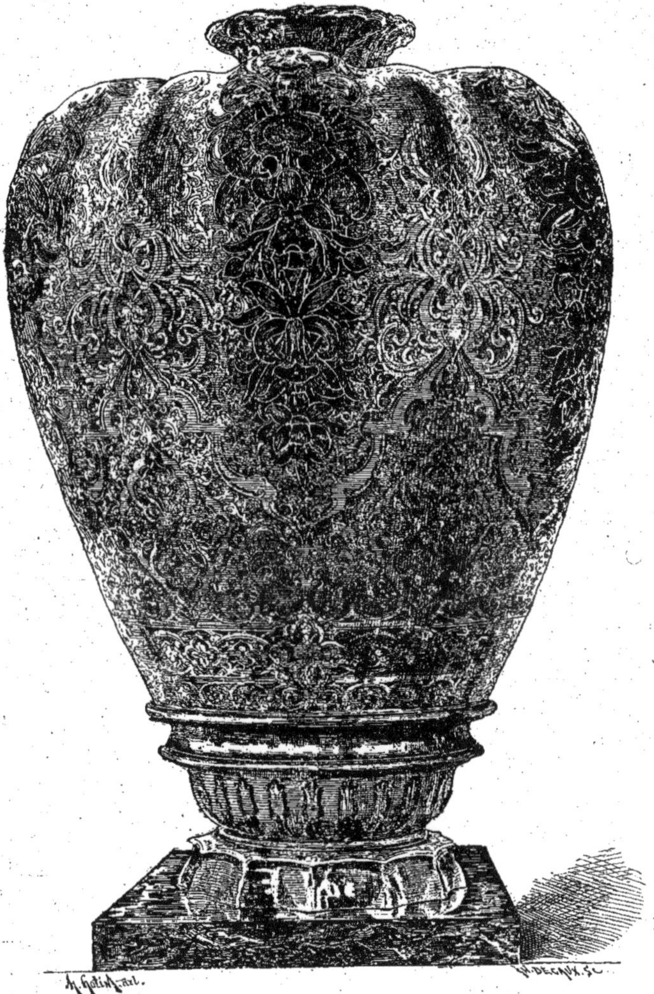

M. Tiffany. — *Grand vase en argent ciselé et émaillé.*

la séduction n'est jamais si forte que lorsque M. Tiffany fait jouer sur l'argent patiné, dépoli, rouillé, la diaprure d'émaux opaques, voilés de nuances et délicats à miracle.

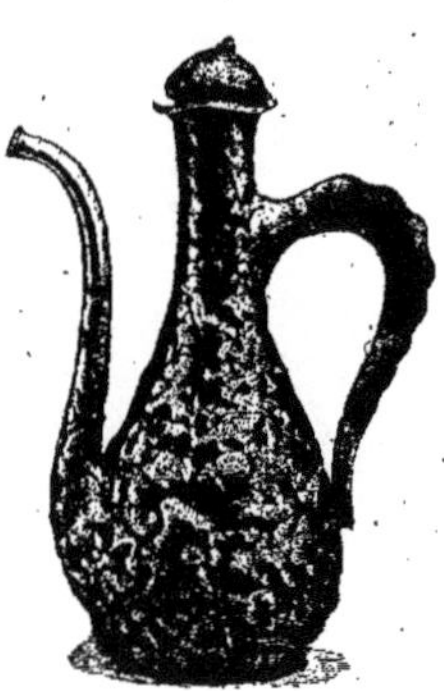

M. Gorham.
Cafetière en argent repoussé.

IV

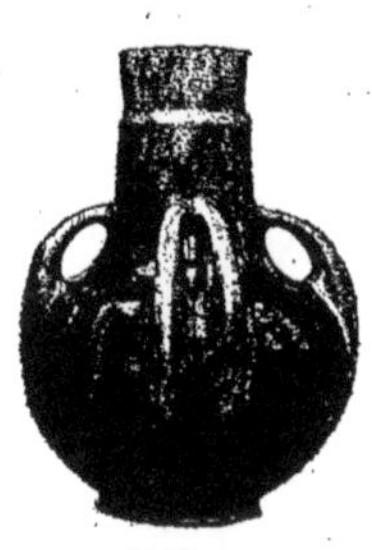
M. Chaplet.
Potiche en porcelaine flambée.

L'influence grandissante de l'extrême Orient a provoqué la recherche des couvertes chinoises, qui prennent, sous l'action d'un feu violent, des colorations riches, marbrées ou heurtées ainsi que des ondulations de flammes. Après des incertitudes, des désespérances, des arrêts, on fête aujourd'hui l'aboutissement des essais inaugurés par Salvétat, et un trait distinctif de la section de céramique était la rencontre fréquente de spécimens de porcelaines *flambées*. Elles ont fourni à notre manufacture nationale l'occasion de plus d'une glorieuse aventure, et les types de ce genre qui portent l'estampille de Sèvres, bien variés de profil, se font aimer par l'éclat et la gamme étendue des émaux. Mais tout auprès voici, pour procurer aux amateurs de *flambés* leurs plus troublantes émotions et d'exquises surprises, la vitrine où M. Chaplet triomphe sans conteste. L'œil est fasciné par ces métamorphoses de la porcelaine en matière précieuse, par la dissemblance des effets, dus à des combinaisons de cuisson, à des courants d'oxygène « faisant passer le rouge de cuivre par le violet, par le bleu, le vert, le lilas, en des nuances chatoyantes, voltigeantes ». Les tons varient de l'extrême puissance à la plus apaisée douceur : ici le brun rouge, le pourpre lie de vin, le violet aubergine, vibrent intenses, puis se dégradent jusqu'à montrer le blanc même de la pâte ; là des fumées irisées enveloppent la couverte tendrement comme d'une poussière d'opale ou d'un brouillard vert-de-grisé, et les coulures de l'émail, glissant sur les parois des vases, s'épandent et s'arrêtent à la base, congelées en gouttelettes ou pareilles aux dentelures de la bave d'écume...

Par bonheur, nous comptons en France plusieurs tempéraments décidés à ne se point abdiquer en dépit des vogues et des traverses : depuis 1878, M. Dammouze n'a pas démérité le titre de « virtuose des grands feux de fours » que lui avait décerné Dubouché, et j'approuve son parti de se restreindre à une série d'émaux blonds ou gris, très fins et à lui bien particuliers ; chez M. Haviland, M. Bracquemond exerce toujours sa bienfaisante autorité, comme il appert de maint service agrémenté de fleurs des champs, tandis qu'en un autre service parfait de fabrication (M. Pillivuyt) se joue la fantaisie inventive de M. Habert Dys.

Parmi les premiers, M. Haviland s'était pris de passion pour le grès et l'avait voulu restaurer. Aujourd'hui, M. Delaherche semble en avoir fait sa chose ; il le traite à sa guise, en maître, tantôt le laisse brut, tantôt le pare d'une couverte nuageuse, ou bien encore le « flambe ». S'il s'avise de le rehausser d'une ornementation, elle aura, de même que la forme, l'ampleur exigée par la matière, et de ce respect spontané de M. Delaherche pour les règles de convenance viendra que chacune de ses créations suggère la sensation d'une œuvre d'art complète. C'est aussi l'apparence du grès que revêtent par endroits les faïences de

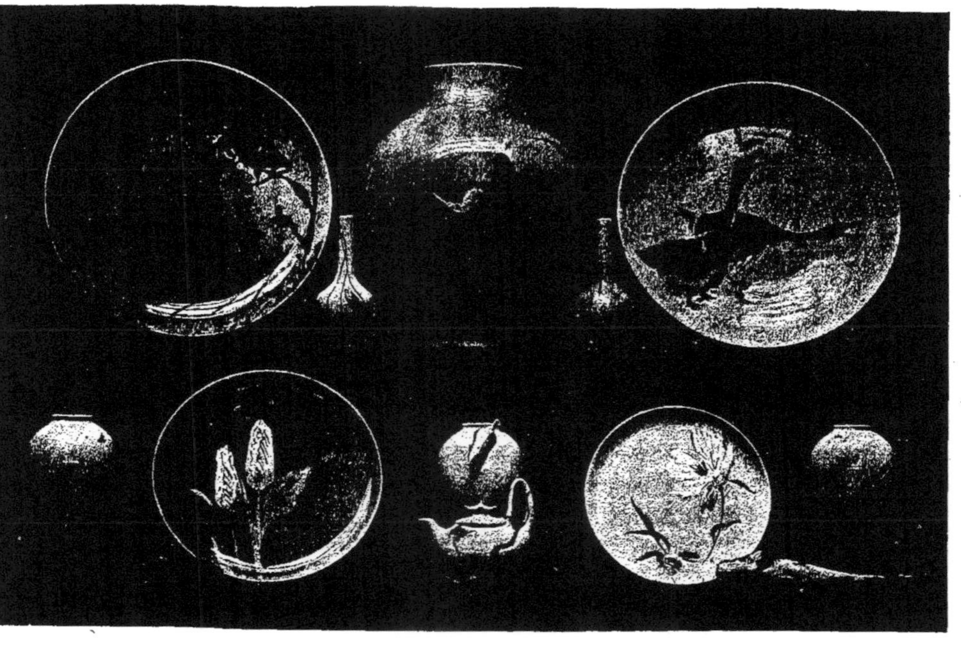

Porcelaines de la manufacture royale de Copenhague.

M. Gallé, afin d'opposer les matités calmes du grain au brillant des glaçures. M. Émile Gallé apporte ici son originalité native, ses méthodes décoratives, son ardeur à s'enquérir de moyens d'expression inusités; il ne rougit pas plus d'afficher les traces de l'outil que d'user des anciens tours du métier et d'en inventer plus d'un nouveau. Toutefois, qu'on note, comme marquant sa production céramique, la mise en valeur constante de l'émail stannifère, la superposition d'émaux d'opacités inégales, le rapprochement de tons sobres et discrets, parfois le contraste du raffiné avec le brutal, puis l'application de la gravure à la terre molle ou sèche. Ses services, ses bols ont une attirance naïve et profonde qui dépasse celle des fabriques de Rookwood, de Voodville, des poteries populaires de Serbie, de Portugal, et les porcelaines danoises seront seules à vous conquérir aussi invinciblement. C'est que, à Copenhague et à Nancy, la nature environnante est l'inspiratrice et le guide; c'est que M. Krog et M. Gallé développent, suivant leur humeur et leur climat, les libres principes des Japonais; que, de côté et d'autre, l'art exclusivement local, national, est le produit du sol et de la race. Et quel étonnement si vous comparez l'importance des résultats obtenus à Copenhague à la simplicité des procédés employés! Comme couleurs : du bleu, du blanc avec de rares rehauts de rouge, de rose ou de gris; comme sujets : des marines, des paysages, la côte danoise battue par la vague, la silhouette fantastique, vaguement estompée dans la brume, des châteaux aux tourelles pointues et, d'ordinaire, des fleurs, des oiseaux, des poissons, des insectes, vivant de leur vie pleine et observés avec tant de sincérité et de pénétration qu'on ne se défend pas, qu'on se livre tout entier à l'attrait d'une douce et chaleureuse sympathie.

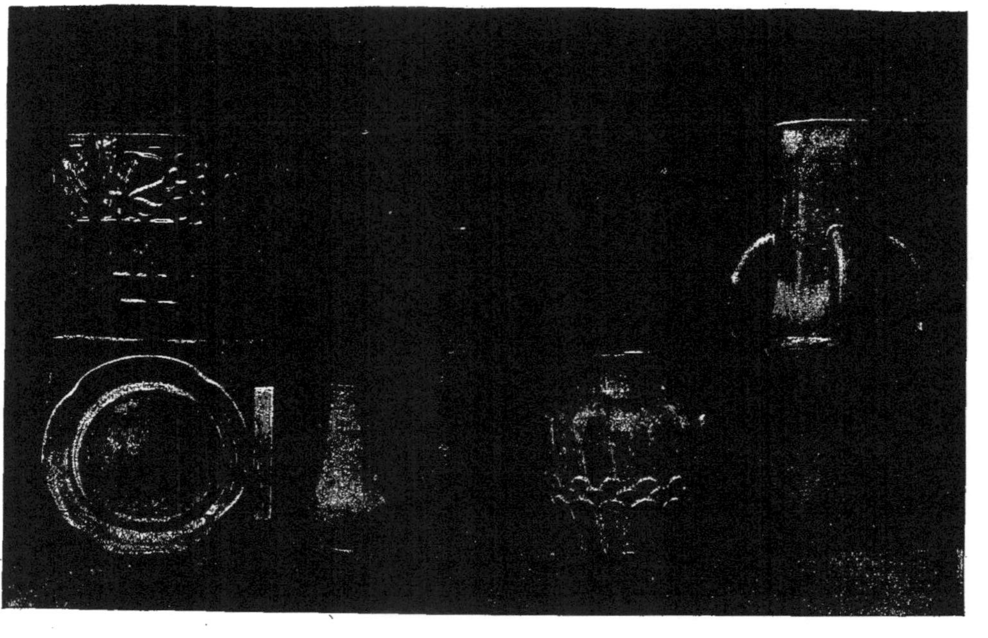

M. A. Delaherche. — *Grès émaillés et flambés.*

Tandis que la manufacture royale de Copenhague réussit à tenir en échec la porcelaine française, dans l'industrie verrière, la suprématie nous est, en revanche, désormais acquise; et la joie est grande au moment où Venise réédite, sans éclat et sans variante, ses modèles des vieux siècles, où les étalages de Bohême ne présentent que des répétitions lourdes de formes, grossières de ton, de pouvoir s'enorgueillir d'artistes individuels, égalant en mérite les Beroviero, les Hirschvogel. Dès le premier examen, la vitrine de M. Rousseau-Léveillé dénonce l'amour de l'artisan pour la matière mise en travail. Il la souhaite opulente à la vue, capable d'éveiller des sensations multiples; entre ses mains, elle va atteindre à l'épaisseur du strass, se parer de l'éclat des gemmes, emprunter aux céramiques et aux bronzes du Japon la turgescence de leurs plus massifs et plus majestueux profils. Comme tout se tient, aucune ornementation ne vaudra, à l'avis de M. Rousseau, celle que le cristal peut offrir spontanément, soit qu'il se jaspe sous l'action localisée des oxydes, soit qu'une projection d'eau froide entre deux feux lui tresse un réseau d'étincelantes craquelures. Son burin affectionne, pour les coupes de jade ou d'améthyste, les saillies inattendues, les dépressions et les reliefs vigoureux, pour ses services inspirés tout ensemble de Venise et de la Bohême, les volutes fermement écrites, pour ses hauts cornets les dessins simples et larges, celui d'une plume de paon, par exemple. Mais il n'ambitionne rien tant que de garder au verre sa propriété essentielle et dans ses œuvres les plus longuement mûries, — celles où deux couches vitreuses ont été superposées, l'une réfractaire au jour, l'autre translucide, — c'est la limpidité de la matière que laisse triomphalement apparaître l'évidement de la couverte. Par là il mérite d'être cité à ceux de ses confrères qui, frappés du profit tiré par les artistes du Nippon des *accidents de nature*, ont mis à la mode ces vases bigarrés et s'abusent à les surcharger d'épais motifs d'or, comme si la matière ne suffisait pas à sa décoration. Et l'erreur est plus grave encore quand l'industriel, oublieux de l'essence même de la substance, exige du verre le rôle du marbre ou convoite pour lui les déguisements du laqué, de la porcelaine ou du bronze.

Mais l'artiste, qui doit à la plus fragile des matières une consécration et un renom établis pour toujours, est le même Émile Gallé dont la maîtrise atteint dans le travail du cristal son degré suprême de puissance et d'individualité. L'alchimie de ce « lapidaire faussetier » métamorphose en pierres dures la substance vitreuse. Il sait façonner à son gré des sardoines, des onyx, simuler les fêlures des quartz, l'ambre cendrée, le tachetage de l'écaille; puis l'envie l'aiguillonne d'emprisonner dans le cristal le fuyant, l'insaisissable : la vapeur des nuages, le suintement des buées, l'écho assourdi des reflets, les fumées ondoyantes, les clartés lunaires... La science l'a pourvu d'une palette aux teintes atténuées et rares : vert d'eau dormante, blanc crémeux de chair nacrée, jaune éteint, rose tendre, gris duveteux, bleu paon; mais si caressante soit la robe colorée, si éclatant le cristal, la monochromie peut trouver à déplaire, et voici, pour la rompre, des veinures, des stries, des madrures adroitement distribuées, encore qu'elles gardent le charme saisissant, le savoureux de l'imprévu. L'instant venu d'assigner une figuration à la pâte, point d'embarras, point de consultation hâtive d'images ou de manuels. A quoi servirait à M. Gallé de se torturer l'esprit quand autour de lui s'étendent les champs? Il y erre, tout l'impressionne, le séduit : l'architecture des branchages, l'élancement des tiges, le contour des feuillages, et des souvenirs, des observations recueillis, jaillit au retour l'inspiration de ces silhouettes de fleurs, de plantes, de coquilles, les plus logiques qui soient et partant les plus belles.

Considérez que tant d'originalité s'accompagne d'un respect constant des lois d'appropriation, que la forme ne cesse jamais de demeurer en rapport avec la convenance, et que de la forme,

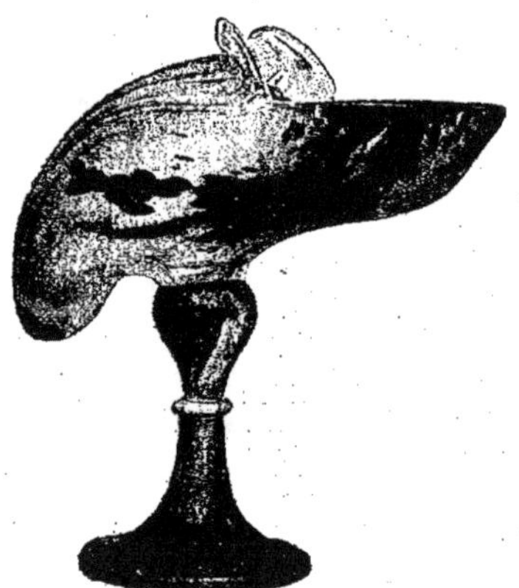

M. Émile Gallé.
Vase de forme florale dite « porte-rose » en cristal, genre quartz enfumé.

toujours, ou peu s'en faut, émane le décor. Il est tour à tour fourni par la matière, par l'émaillerie, la gravure, — isolées ou associées, — enfin par l'emploi simultané de ces moyens différents à l'extrême. Cependant, au cours de tant d'aventures, le principe décoratif demeure immuable. Sur ces urnes *doublées* rose de Chine, si exquises dans leur préciosité, se voient uniment des branches tombantes de fuchsias ou de bégonias, dont les feuilles gravées utilisent, en les mettant à nu, des verts frais et piquants.

D'une conque marine M. Gallé fait un drageoir que le touret et l'émail égayeront d'autres conques semblables à celle-là même qui a prêté son type à l'objet. Quelque fleur a été peinte sur la panse d'une jardinière ; la bordure ou les frises seront déduites de l'inflorescence des graines, du pistil, des étamines ornema-

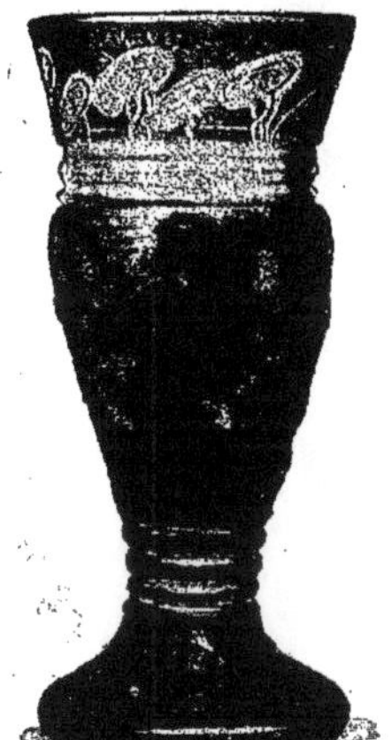

M. Émile Gallé.
Cornet de verre moussu gravure lentilles d'eau et têtards.

nisés, et toujours la décoration rationnelle atteindra dans son ensemble à l'absolue unité.

Si la figure humaine n'a enrichi que par exception d'autres cristaux, il est un moyen d'expression morale, d'embellissement intellectuel très oublié, quoique très français, auquel M. Gallé aime à faire appel et qu'il a remis en honneur pour notre plaisir : je veux parler de ces inscriptions, ces sentences brodées aux lèvres de ses vases et autour de la signature du maître verrier. Bien appropriées elles aussi, et de signification profonde malgré leur allure naïve, elles sont le commentaire de la conception de l'artiste, l'explication parlante de sa volonté, de sa pensée du

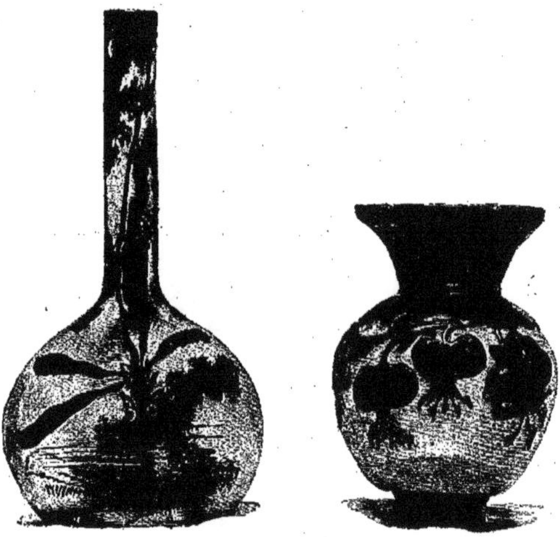

M. Émile Gallé.
Fiole de verre, façon onyx, nuagé verdâtre et gris, libellules se mirant.
Vase à quatre couches ciselées de branches de lis roses, noirs et bruns.

moment, la confidence de l'effort, du rude tourment du créateur. *Souci de plaire,* soupire un batracien sculpté dans le jaspe et le jayet, et préoccupé de distraire dans son vol une libellule légère ; *Espérance luit à travers mes maux,* murmure un cristal voilé. Une coupe aux teintes mordorées, troublantes, porte en exergue : *Je récolte en secret des fleurs mystérieuses.* Ailleurs se détachent, en une écriture ciselée à caprices, des distiques, des quatrains pittoresquement choisis; car pour être versé dans la conchyliologie, la minéralogie, la paléontologie, la botanique, M. Gallé n'en connaît pas moins à l'admiration nos lyriques, les anciens: Villon et la Pléiade, comme ceux de maintenant : Théophile Gautier, Baudelaire, Rollinat; et la prédilection de ses lectures détermine assez exactement la particularité de son génie, qui unit la grâce naïve et pénétrante des quattrocentistes aux morbidesses inquiètes de l'heure présente.

Un seul cerveau, une seule imagination a conçu des ouvrages si diversement touchants, et déjà ont été signalées des faïences, des ébénisteries non moins personnelles et pareillement issues du même cerveau, de la même imagination. C'est donc un véritable enseignement des arts appliqués que M. Gallé a fondé et qu'il dirige à Nancy, et je ne sais nulle école en aucun pays qui ne doive pas envier un tel maître. Lui pourtant, inconscient de tant de gloire et rivé sans répit au labeur, continue loin du tumulte, dans l'apaisement de sa province, sa tâche de novateur, sa pieuse interrogation de la nature, et l'existence coule sans qu'il ait souci de rien, sauf de suivre et d'incarner sa radieuse vision de poète et d'artiste, au jour le jour, doucement...

A évoquer ces souvenirs d'antan, j'ai abusé, Messieurs, de l'attention que vous m'avez prêtée avec une bienveillance dont je mesure d'autant plus le prix, que je ne me dissimule ni l'aridité ni les lacunes de cette succincte revue d'ensemble. Notre ambition et notre excuse auront été d'établir l'admirable vitalité de notre génie national, de prévoir sa chance de développement sous la condition expresse de l'effort qui l'obligera à se renouveler, à produire ce qu'on est en droit d'attendre de son inépuisable originalité. « Avec l'art français, qui ne dit jamais son dernier mot, a constaté M. Courajod, avec cet art dont les transformations sont illimitées, l'avenir n'est pas fermé, et nous avons toujours le devoir d'espérer des émotions inédites. » Et un philosophe imbu du principe supérieur du beau, de la mission économique et sociale des arts dans notre pays, M. Aynard, s'est trouvé vers le même temps pour avertir « qu'en puisant au réservoir insondable de la nature organique et inorganique, nos industries trouveront des trésors ignorés de formes et de couleurs ». A l'œuvre donc, architectes, peintres, sculpteurs, décorateurs, tous si vivement intéressés à prouver cette unité, cette égalité des arts dont la parole éloquente de M. Eugène Guillaume affirmait hier, ici même, le principe, aux applaudissements de tous! A l'œuvre et qu'il vous souvienne, durant votre labeur, — non pas comme d'une menace, mais comme de l'indication du pire danger, — que toujours il vous souvienne de ce mot prophétique de Michelet qui pose à l'art français l'alternative de cette inéluctable destinée : « Inventer ou périr ».

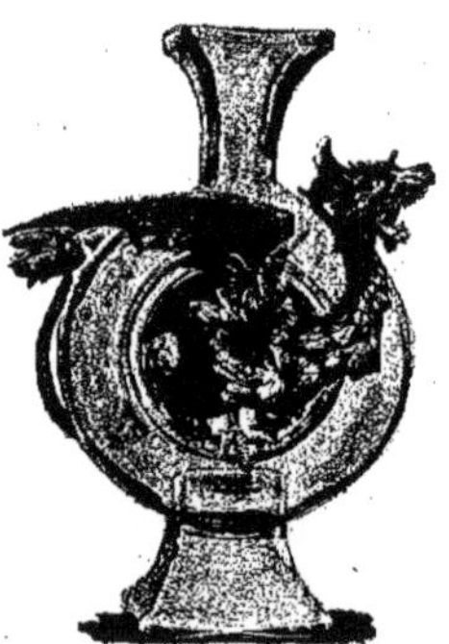

M. Boucheron.
Vase en strass, avec dragon ciselé et émaillé.

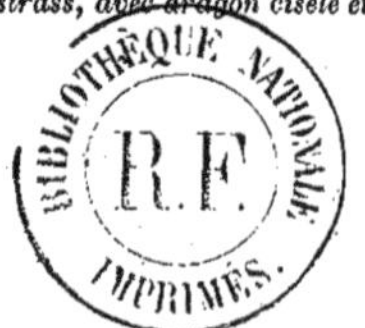

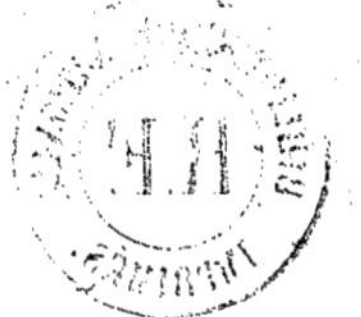

www.ingramcontent.com/pod-product-compliance
Ingram Content Group UK Ltd.
Pitfield, Milton Keynes, MK11 3LW, UK
UKHW020350250726
13967UKWH00005B/2207

9 782013 058353